BEI GRIN MACHT SICH IHR WISSEN BEZAHLT

- Wir veröffentlichen Ihre Hausarbeit, Bachelor- und Masterarbeit

- Ihr eigenes eBook und Buch - weltweit in allen wichtigen Shops

- Verdienen Sie an jedem Verkauf

Jetzt bei www.GRIN.com hochladen und kostenlos publizieren

Bibliografische Information der Deutschen Nationalbibliothek:

Die Deutsche Bibliothek verzeichnet diese Publikation in der Deutschen Nationalbibliografie; detaillierte bibliografische Daten sind im Internet über http://dnb.d-nb.de/ abrufbar.

Dieses Werk sowie alle darin enthaltenen einzelnen Beiträge und Abbildungen sind urheberrechtlich geschützt. Jede Verwertung, die nicht ausdrücklich vom Urheberrechtsschutz zugelassen ist, bedarf der vorherigen Zustimmung des Verlages. Das gilt insbesondere für Vervielfältigungen, Bearbeitungen, Übersetzungen, Mikroverfilmungen, Auswertungen durch Datenbanken und für die Einspeicherung und Verarbeitung in elektronische Systeme. Alle Rechte, auch die des auszugsweisen Nachdrucks, der fotomechanischen Wiedergabe (einschließlich Mikrokopie) sowie der Auswertung durch Datenbanken oder ähnliche Einrichtungen, vorbehalten.

Impressum:

Copyright © 2008 GRIN Verlag, Open Publishing GmbH
Druck und Bindung: Books on Demand GmbH, Norderstedt Germany
ISBN: 978-3-668-09474-1

Dieses Buch bei GRIN:

http://www.grin.com/de/e-book/298833/der-umgang-mit-heterogenitaet-in-ganztagsschulen

Anonym

Der Umgang mit Heterogenität in Ganztagsschulen

Mit Unterrichtsideen für die Integrierte Ganztagsschule

GRIN Verlag

GRIN - Your knowledge has value

Der GRIN Verlag publiziert seit 1998 wissenschaftliche Arbeiten von Studenten, Hochschullehrern und anderen Akademikern als eBook und gedrucktes Buch. Die Verlagswebsite www.grin.com ist die ideale Plattform zur Veröffentlichung von Hausarbeiten, Abschlussarbeiten, wissenschaftlichen Aufsätzen, Dissertationen und Fachbüchern.

Besuchen Sie uns im Internet:

http://www.grin.com/

http://www.facebook.com/grincom

http://www.twitter.com/grin_com

Inhaltsverzeichnis

Einleitung 2

I. Definition von Heterogenität: 2
   1. Schematische Darstellung 2
   2. Formen von Heterogenität 3
   3. Heterogenität in deutschen Schulen 4

II. Die Ganztagsschule (GTS) 5
   1. Allgemein 5
   2. Der Streit über die GTS 6
   3. Meine Erfahrungen mit dem Konzept der GTS 7

III. Die Integrierte Gesamtschule (IGS) 9
   1. Tafelbild: 9
   2. Fragen 10
   3. Interview mit einer Schülerin der Integrierten Gesamtschule B. .. 11

IV. Problemorientiertes Lernen 12

V. Schlussreflexion 13

VI. Literaturliste 15
   Internetquellen 15

Einleitung

Eines der größten Probleme des deutschen Schul- und Bildungssystems, auch im internationalen Vergleich (s. PISA- Studien), liegt neben unzureichender Finanzierung darin, dass in der Pädagogik Selektion vor Integration geht, Homogenität vor Heterogenität. Deshalb werde ich mich in diesem Portfolio vor allem mit „Heterogenität", der Ganztagsschule und der Integrierten Gesamtschule befassen.

I. Definition von Heterogenität:

Heterogenität bezeichnet die Uneinheitlichkeit der Elemente einer Menge hinsichtlich eines oder mehrerer Merkmale. Im pädagogischen Zusammenhang wird der Begriff im Hinblick auf die Schüler einer Lerngruppe verwendet und beschreibt die Unterschiede von schulischen Leistungen, Begabungen, Unterschiede des Alters, Geschlechts sowie der Kultur.[1]

1. Schematische Darstellung

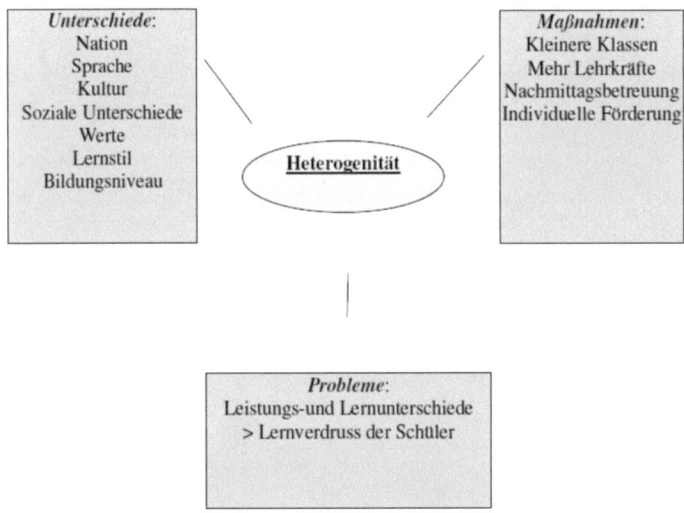

---

[1] (Vgl. http://de.wikipedia.org/w/index.php?title=Heterogenität)

2. Formen von Heterogenität

Kinder unterscheiden sich in Kultur, Sprache, Wissensbasis, Intelligenz, Lernmotivation und durch die Fähigkeit, das Gelernte anzuwenden (Meta-Kognition). Man muss die Heterogenität der Schüler durch selbstgesteuertes, bzw. sachbezogenes Lernen gewährleisten. Dazu gehört auch eine frühe demokratische Erziehung. Heterogene Klassen bedeuten Unterschiedlichkeit ohne Aussondern. Weiterhin können altersgemischte Lerngruppen zu besseren zwischenmenschlichen Entwicklungen führen. Diese gemischten Lerngruppen fördern das gegenseitige Helfen und die Teamfähigkeit zwischen den Schülern. So werden Leistungsunterschiede ohne Druck z.B. durch Frontalunterricht verringert.

Die Lehrer müssen fördern, statt auszugrenzen. Die Schüler geben das Tempo an, in dem der Stoff durchgenommen wird, Aufgaben müssen erfolgversprechend gestellt werden, um den Schüler zu motivieren. Die Heterogenität in Schulen zu gewährleisten, ist eine ständige Herausforderung für die Lehrer. Das Kollegium muss sich immer wieder austauschen und eng mit den Förderpädagogen zusammenarbeiten. Man muss die Allgemeinheit davon überzeugen, dass das „Sitzenbleiben" nicht nur eine Erniedrigung für den Schüler, sondern auch sehr teuer ist. Statistiken belegen, dass diese Kinder und Jugendliche später eher dazu neigen, die Schule zu schwänzen und durch Kriminalität auffallen, weil sie sich aufgegeben fühlen.

Schulen in Schweden und Finnland liefern den Beweis dafür, dass diese Theorie mit Erfolg in die Praxis umgesetzt werden kann. In diesen Institutionen ist das oberste Gebot, dass sich die Kinder und Jugendlichen „in der Schule an Leib und Seele wohlfühlen […], sie sollen ihre Stärken entwickeln, das Lernen soll Freude machen. Diese Schulkultur ist eine Kultur des Vertrauens." (Groeben, 2008: S.19). Aufgabe er Schule ist es, den Kindern und Jugendlichen dabei die bestmögliche Unterstützung zu geben.

Der Hauptunterschied zu unseren Schulen in Deutschland ist, dass es zwar Kernlehrpläne gibt, diese aber nicht der Selektion dienen. Das Ziel ist hier herauszufinden, welche Schüler weitere Fördermittel in Anspruch nehmen sollten und welche nicht. In einem derartigen integrativen Schulsystem ist „die Funktion solcher Vorgaben […] in erster Linie die didaktische und diagnostische Orientierung nd bildet somit die Grundlage für das System der Förderung." (Groeben, 2008: S.20). Dafür müssen jedoch Schule, Kommune, sozialpädagogische Institutionen, Berufsverbände und der Staat zusammenarbeiten und sich gegenseitig personell und finanziell unterstützen. Außerdem ist die Zufriedenheit beim Lehrpersonal in diesen Ländern ungleich höher als in Deutschland, da das Arbeitsumfeld besser ist. Das heißt, der Lehrer arbeitet immer mit einem anderen Pädagogen zusammen, hat sein eigenes Büro und das notwendige Material zur Verfügung. Aber auch die Einstellung seinem Beruf gegenüber ist lockerer und offener, weil er weiß, dass er bei seiner Ausübung nicht alleine steht. Und all das, obwohl er schlechter bezahlt wird als in Deutschland.

Wenn dieses System in Deutschland Fuß fassen soll, dann „müssen wir Lernen anders anlegen, alle Intelligenzen fördern, Stärken sehen und entwickeln, die kognitive Intelligenz nicht allen anderen überordnen, sondern das Zusammenwirken anstreben." (Groeben, 2008: S.22).

3. Heterogenität in deutschen Schulen

Der Begriff der „Heterogenität", wie er bezogen auf die Gesellschaft verstanden wird, kann in Deutschland nur auf die Grundschule angewandt werden. Denn im deutschen Schulsystem beginnt nach der vierten Klasse die Selektion der Schüler. Durch das dreigliedrige System finden wir in Haupt- und manchen Gesamtschulen kaum Kinder aus besseren sozioökonomischen Verhältnissen. Diese verfügen meist über ein besseres kognitives Leistungspotenzial. Somit kann man festhalten, dass in deutschen Schulen eher die Homogenität vorherrscht.

Es gibt allerdings auch eine ethnisch- kulturelle Selektion Ende der vierten Klasse. Den meisten Kindern mit Migrationshintergrund stehen nicht genügend Fördermöglichkeiten zur Verfügung, um ihre Sprach- und Bildungsbenachteiligung schon in der Grundschule zu beheben. Denn viele Grundschullehrer schicken sie auf Grund ihrer fehlenden Deutschkenntnisse automatisch auf die Hauptschule (Vgl. Diehm, 2005: S.92/93).

Innerhalb der drei Schultypen in Deutschland gibt es ebenfalls eine Selektion. Das System teilt die Schüler in Jahrgangsklassen und in jedem Jahrgang wird noch einmal nach der Fähigkeit unterschieden, das jeweilige Ziel der Klasse zu erreichen.

Die Tatsache, dass die Heterogenität in deutschen Schulen noch nicht auf der Tagesordnung steht, ist auf verschiedene Gründe zurück zu führen, aber der schwerwiegendste liegt beim Lehrkörper. Die meisten Lehrkräfte nehmen Unterschiede in den Klassen nur wenig wahr. Das hängt ab von persönlicher Herkunft, Erfahrung und Bereitschaft, mit der Verschiedenheit zu arbeiten, von der Ausbildung, aber auch von ihrem Belastungsempfinden.

Der Begriff Heterogenität, wie er in den skandinavischen Ländern verstanden wird, ist in Deutschland also so gut wie nicht umgesetzt worden. Um dies zu verwirklichen, wäre ein Mentalitätswandel von Seiten der Lehrer notwendig. Sie müssten dazu bereit sein, sich von den alten selektiven und homogenisierenden Unterrichtsformen zu trennen. Dagegen sollten sie individueller und differenzierter unterrichten, um die unterschiedlichen Leistungsniveaus der Schüler zu berücksichtigen. Allerdings hängt diese Umstrukturierung vor allem von der Schulpolitik der Bundesländer ab. Das heißt, dass nicht nur die Lehrerausbildung verändert wird, sondern auch dass dafür Sorge getragen wird, dass weiteres Förderpersonal das Lehrpersonal unterstützt.

II. Die Ganztagsschule (GTS)

1. Allgemein

Das Kernkonzept der Ganztagsschule basiert auf Bildung, Erziehung und Freizeit. Es soll eine neue Schulatmosphäre geschaffen werden, die mehr Zeit für die Schüler gewährleistet. Das ganzheitliche Schulkonzept beinhaltet vor allem neue Unterrichtsformen, einen strukturierten Tagesablauf mit Mahlzeiten, Angebote obligatorischer und fakultativer Freizeit und bessere Förderung durch mehr Betreuungspersonal. Diese Rhythmisierung bietet eine ständige Abwechslung zwischen An- und Entspannung für die Schüler.

Die GTS hat im Vergleich zur Halbtagschule eine größere allgemeinbildende Funktion. Die Schüler und Schülerinnen haben mehr neigungsbezogene Angebote in der Institution Schule. Sie beteiligen sich an der Gestaltung des Konzepts und lernen so, demokratisch mit den Wünschen und Bedürfnissen anderer umzugehen. Ein weiterer Vorteil der GTS sind die Arbeitsgruppen, in denen das Lernen erleichtert wird. Hierbei werden gute Schüler mit Schwächeren gemischt, so dass sie sich gegenseitig helfen.

Der Lehrkörper muss sich mit der Idee der GTS identifizieren und immer bereit sein, sich weiterzubilden. Er sollte flexibel und im Stande sein, den Unterricht heterogener zu gestalten. Hier ist der Austausch zwischen den Kollegen unerlässlich. Dabei muss der Unterricht ständig thematisch und methodisch verändert werden. Also sollte das Kollegium bereit sein, „sich selbst auf Veränderungen einzulassen, Bestehendes in Frage zu stellen und sich aktiv für die Entwicklung der Schüler einzusetzten." (Prüß et alia, 2006: S.40).

Die ganzheitliche Schule ermöglicht auch eine bessere Integration durch mehr Raum für Fördermaßnahmen und die Betreuung durch Sozial- und Schulpädagogen. Außerdem öffnet sich die Schule nach außen und kooperiert mit Vereinen, kommunalen Verbänden, der Jugendhilfe und auch mit den Eltern.

Die falschen Erwartungen vieler Eltern und Schüler gegenüber dem Ganztagsschulkonzept können zu Problemen führen. Die Eltern sehen die GTS als „Parkhaus" für ihre Kinder und wollen die Verantwortung für die Erziehung abgeben. Die Kinder hingegen denken, dass sie keine Vor- und Nachbereitungszeit mehr brauchen, weil sie ja den ganzen Tag in der Schule verbringen. Allerdings sind ftmals die mangelnde Finanzierung und der Personalmangel schwerwiegendere Probleme (Vgl. Köhne, 2005: S.47-58).

2. Der Streit über die GTS

Wie die folgende Tabelle zeigt, ist das Konzept der Ganztagsschule auch heute noch umstritten.

PRO	CONTRA
Entlastung für die Erziehungsberechtigten, bessere Vereinbarkeit von Familie und Beruf;	immer mehr Eltern verabschieden sich von ihrer Erziehungsverantwortung;
Hausaufgaben werden unter Aufsicht gemacht;	Hausaufgaben bzw. Lernen muss trotzdem noch zu Hause erfolgen;
es findet eine Öffnung der Schule statt, somit Integration von außerschulischen Erfahrungen;	ein neues Klassendenken entsteht, GTS vs. HTS;
soziale Kompetenzen können besonders gefördert werden;	Mobbing- Opfer sind durch Gruppendruck länger dem Mobbing ausgesetzt;
es findet eine sinnvolle Freizeitgestaltung statt;	weniger Freizeit, Schüler können das Taschengeld nicht mehr durch Jobs aufbessern;
Horizonterweiterung durch intensives Zusammenleben von Schülern verschiedener sozialer, kultureller und nationaler Herkunft;	höhere Kosten, materiell und personell;
der Stundenplan kann den Bedürfnissen der Schüler angepasst werden;	oft werden nicht qualifizierte Kräfte eingesetzt;
größerer zeitlicher Freiraum, weniger Druck;	Förderung von Unselbstständigkeit durch ganztägige Lehrerabhängigkeit;
verstärkte Mitbestimmungsmöglichkeiten der Schülerschaft;	die psychische und körperliche Leistungsfähigkeit der Kinder wird überreizt;
die Schüler erhalten Mahlzeiten in entsprechender Atmosphäre, was zu Hause immer weniger gesichert ist;	Ausbildung und Lernen werden institutionalisiert und entsprechen nicht mehr dem persönlichen Lebensrhythmus;

(Vgl. http://ganztagsschulen.wordpress.com/pro-contra-ganztagsschulen)

3. Meine Erfahrungen mit dem Konzept der GTS

Ich war selbst auf dem Ganztagsgymnasium Schloss Hagerhof. Der Tag begann um 08:30 Uhr mit einer Mischung aus Frontalunterricht und Projektarbeit. Um 10:00 Uhr gab es dann eine dreißigminütige Frühstückspause, in der wir belegte Brötchen bekamen. Bis zur Mittagspause fand weiterhin Unterricht statt. 13:00 bis 14:00 Uhr wurde im Speisesaal das Mittagessen ausgegeben. Ab 14:15 Uhr fand dann die etwas freiere Gestaltung des Tages statt. Ungefähr um 17:00 Uhr konnten wir nach Hause gehen.

Vor allem in der Sekundarstufe I war die Erarbeitung des Stoffes durch Projekt- und Stationenarbeiten an der Tagesordnung. In der siebten und achten Klasse gingen die Projektarbeiten über eine Woche und wurden meist in Gruppen bearbeitet. Ab der achten bis zur zehnten Klasse konnte sich das auch auf mehrere Wochen ausdehnen. Dabei handelte es sich aber um Themen, bei denen man viel außerhalb der Schule recherchieren musste (Interviews, Beobachtungsprotokolle, etc.). Die Stationenarbeit beschränkte sich maximal auf zwei Wochen. Diese wurde nur in der Nachmittagszeit durchgeführt, denn es gab immer mehrere Fächer, die dabei ineinander übergriffen. Also haben wir uns ausgesucht, an welchen Aufgaben, zu welchem Fach wir an welchem Tag arbeiten wollten. Danach gab es immer das Silentium, die Vor- oder Nachbereitungszeit, in dem wir die Hausaufgaben machen, Vokabeln lernen, Aufgaben zu einem Projekt oder Stationen bearbeiten konnten. Die Betreuer waren meist Studenten oder Pädagogen in Rente. Parallel dazu fand ein Fördersilentium statt. Hier betreuten Lehrer des jeweiligen Faches die Schüler mit Schwierigkeiten. Außerdem gab es ein großes Angebot an Arbeitsgemeinschaften nd sportlichen Aktivitäten, die jedoch immer für den späten Nachmittag organisiert wurden.

Zur Verdeutlichung, hier ein für mich typischer Wochenplan der neunten Klasse (Eigene Darstellung):

Zeit	Mo	Di	Mi	Do	Fr
08:30- 10:00	Mathematik	Deutsch	Englisch	Geschichte	Biologie
10:30- 13:00	Projektarbeit in:Physik, Chemie, Biologie	Französisch, Projektarbeit in:Geschichte und Deutsch	Projektarbeit in:Physik, Chemie, Biologie	Spanisch Kunst	Projektarbeit in:Geschichte und Deutsch, Sport
14:15- 15:30	Silentium, Hausaufgaben und Stationen	Silentium	Fördersilentium für Mathe	Silentium	
15:45- 17:00	Theater AG	Volleyball	Hip- Hop		

Aus meiner Schulzeit sind mir viele positive, aber auch einige negative Dinge in Erinnerung geblieben. Der Hagerhof hat neben meinen Eltern sehr viel zur demokratischen Erziehung meiner Person beigetragen. Denn sobald es zum Beispiel um Veränderungen ging (in der Schule, in der Stufe oder in der Klasse), wurde immer demokratisch darüber abgestimmt. Die Schule legte ebenfalls viel Wert auf Austauschprogramme mit verschiedenen Ländern. So hatte ich die Möglichkeit Jugendliche aus Frankreich, Polen oder den USA kennen zu lernen und mit anderen Kulturen in Kontakt zu kommen.

Außerdem habe ich durch die Projekt- und Stationenarbeit gelernt, eigenständig zu arbeiten. Das Lernen durch diese Freiarbeit machte nicht nur mehr Spaß, sondern auch trockene und langweilige Themen spannender. Dabei hatte ich immer die Möglichkeit, mich an einen Lehrer zu wenden, der mir Fragen beantwortete oder Hilfestellung gab. Die Gruppenarbeiten waren meist erfolgreich, auch wenn die Hilfe er Schüler untereinander nicht immer gegeben war. Diesen etwas negativeren Punkt muss man im Zusammenhang mit der sozialen Mischung" am Hagerhof betrachten. Da es sich um eine Privatschule handelt, überwog die Anzahl von Schülern aus reichen Familien, die gerne auf die anderen herabschauten. Außerdem sahen viele Eltern im Hagerhof eine Erziehungsanstalt, an die sie die ganze Verantwortung für ihre Kinder abgeben konnten. Manche wurden regelrecht in der Schule „geparkt".

Leider identifizierten sich nicht alle Lehrer mit dem Konzept der GTS am Hagerhof, so dass ich im Laufe meiner Schulzeit oft wochenlang Frontalunterricht in Mathematik oder Biologie hatte. Bis sich die Stufe bei der Rektorin beschwerte und die Lehrer gezwungen waren, diese Unterrichtsform aufzulockern.

Im Allgemeinen bin ich jedoch sehr froh, dass meine Eltern mich auf den Hagerhof geschickt haben und ich all diese Erfahrungen machen konnte. Denn sowohl die positiven, als auch die negativen Aspekte haben mich recht gut auf das Leben nach dem Abitur vorbereitet.

III. Die Integrierte Gesamtschule (IGS)

1. Tafelbild:

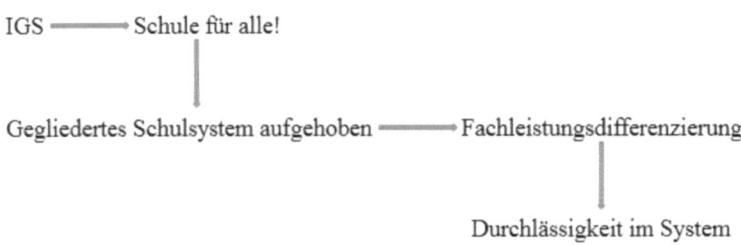

Die *Integrierte Gesamtschule* wird „Schule für alle" genannt, weil nicht nur Schüler verschiedener Nationen gemeinsam unterrichtet, sondern auch Behinderte in die Klassen integriert werden. Das dreigliedrige Schulsystem wird aufgehoben und somit die Fachleistungsdifferenzierung unterstützt. Das heißt, dass jeder Schüler entsprechend seiner Qualifikation gefördert werden kann. Was auch bedeutet, dass das System durchlässig werden muss, damit der Schüler leichter von einem in den anderen Kurs wechseln kann. „Ziel der integrierten Gesamtschule ist, dass die Schüler das gemeinsame Lernen und den sozialen Umgang miteinander erleben und gleichzeitig auch entsprechend ihrem individuelle Leistungsvermögen unterrichtet und vor allem gefördert werden."[2]

In diesem Zusammenhang ist es wichtig, zwischen der Integrierten und der Kooperativen Gesamtschule (KGS) zu unterscheiden. Im Gegensatz zur IGS bleibt das dreigliedrige Schulsystem bei der KGS bestehen, obwohl die Haupt-, Real- und Gymnasialschüler unter einem Dach unterrichtet werden (Vgl. Köller, 2003: S.458-486).

---

[2] (Vgl. Integrierte Gesamtschule, de.wikipedia.org/wiki/Integrierte_Gesamtschule)

2. Fragen

- **Wieso können Integrierte Gesamtschulen mehr Lernkultur verwirklichen?**

Die IGS kann mehr Lernkultur, nicht nur durch Methodenvielfalt verwirklichen, sondern vor allem weil die Schüler einen doppelten Lehrerbezug haben. Die Klasse wird von zwei pädagogischen Kräften betreut, die somit eine gefächerte Förderung gewährleisten. Außerdem arbeiten die Schüler gemeinsam und können sich so gegenseitig helfen. Der Raum spielt ebenfalls eine große Rolle, denn wenn es nicht genug Platz gibt, wird die Methodenvielfalt eingeschränkt.

- **Weshalb gibt es in Deutschland Widerstand gegen die Integrierte Gesamtschule, obgleich in fast allen anderen Ländern Europas integrierte Systeme bestehen?**

Ich denke, dass dieser Widerstand auf drei Faktoren zurückzuführen ist:

Bildungsnahe Familien wollen eher ihre Kinder im Gymnasium behütet wissen und haben Angst vor gemischten Lernniveaus. Dieses Denken hat aber auch einen sozialen Hintergrund. Heute wird das Gymnasium immer noch mit hoher Intelligenz der Schüler und besser verdienenden Familien identifiziert. Die Hauptschule bildet den extremen Gegensatz, denn sie wird als Sammelbecken der sozial und intellektuell Schwachen angesehen. Deswegen wirkt die Heterogenität der Integrierten Gesamtschule befremdlich. Anzumerken ist jedoch, dass dieses Problem nicht in so großem Maße gegenüber der Kooperativen Gesamtschule besteht, da dort die getrennten Lernniveaus beibehalten werden.

Auf der anderen Seite muss man auch die Ablehnung dieses Systems durch einen Teil der Lehrerschaft betrachten. Denn die Philosophie der IGS bedeutet viel mehr Arbeit für den einzelnen Pädagogen. Das heißt, dass der Unterricht nicht nur vorbereitet werden muss, sondern auch ständig aktualisiert. Heterogenität bedeutet natürlich auch individuellere Arbeitsaufträge. Außerdem ist der ständige Austausch zwischen den Kollegen notwendig.

Aber auch der Staat behindert das Projekt, denn die IGS ist teuer. Es müssen nicht nur mehr Räumlichkeiten als in einer normalen Schule vorhanden sein. Darüber hinaus wird auch mehr Personal gebraucht: Lehrer, Schulpsychologen, Sozialpädagogen etc.

3. Interview mit einer Schülerin der Integrierten Gesamtschule B.

Alter: 14, Klasse: 8

1. **Schildere in wenigen Stichworten einen für dich typischen Tagesablauf an deiner Schule.**
- Schulbeginn: 08:00, zwei Mal 45 Min. Unterricht, dazwischen fünf Min. Pause;
- nach einer Pause von 20 Min. > zwei Mal 45 Min. Freiarbeit;
- 15 Min. Pause > zwei Mal 45 Min. Unterricht, dazwischen fünf Min. Pause;
- Mittagessen um 13:00 und 45 Min. Mittagspause;
- die letzten 1 ½ Stunden werden ohne Pause als Projektstunden durchgeführt;

2. **Macht ihr in deiner Klasse viel Gruppenarbeit? Wenn ja, gefällt es dir, oder arbeitest du lieber alleine?**
- Ja, wir machen in den meisten Fächern viel Gruppenarbeit und das gefällt mir besser, als alleine zu arbeiten. Genauso gefällt mir sehr die Partnerarbeit, die wir auch sehr oft machen.

3. **Wie werdet ihr im Unterricht betreut? Gibt es pro Stunde nur einen Lehrer oder mehrere Betreuer?**
- Es gibt meist zwei Lehrer in jedem Fach und manchmal auch drei. Aber nur, wenn Referendare da sind. Es gibt aber auch Ausnahmen, wie in Religion, wo wir jetzt z.B. nur einen Lehrer haben. Das ist aber selten. Als Klassenlehrer haben wir drei Tutoren, da ich in einer I-Klasse (Integrationsklasse, d.h. mit Behinderten gemischt) bin.

4. **Besuchst du einen Förderkurs? Wenn ja, in wie fern hilft es dir?**
- Zur Zeit besuche ich keinen Förderkurs, sondern einen Informatikkurs, der wie Spanisch und Latein neben den Förderkursen angeboten wird.

5. **Hast du Freunde/Freundinnen an anderen Schulen? Was ist an deiner Schule besser/schlechter?**
- Ja ich habe Freunde an anderen Schulen und ich finde vieles an meiner Schule besser:
  - z.B. dass wir bis zur 10. Klasse dieselben Tutoren haben und nicht jedes Jahr neue;
  - dass wir bis zur 10. Klasse alle zusammen bleiben und keiner in eine andere Klasse kommt;
  - dass wir viele Projekte und Projektwochen haben und unsere Schule viel Kunst ausstellt und nicht so langweilig ist;

- dass wir viele Räume und immer neue Lernmaterialien haben;
- dass wir, auch wenn die Klasse in Grund- und Erweiterungskurs aufgeteilt ist, zusammen lernen und üben;
- dass wir lernen, mit behinderten und leistungsschwachen Schülern umzugehen und zusammenzuarbeiten;
- dass wir dem Lehrer jedes Halbjahr ein Zeugnis schreiben.

IV. Problemorientiertes Lernen

(Im Unterricht erarbeitete Beispiele von Arbeitsaufträgen)

Arbeitsaufträge zu „Warum Ihr Hund Mangelschäden bekommen kann"

1. Informiere dich im Internet, welche Rolle der Hund vor 500 Jahren spielte und welche Rolle er heute einnimmt. Stelle deine Ergebnisse in einem Rollenspiel dar.

2. Recherchiere, in welcher Zusammensetzung die angegebenen Nähr- und Aufbaustoffe für einen gesunden Hund wichtig sind.

3. Suche in anderen Medien nach Reklame über Hundefutter und vergleiche sie inhaltlich mit unserem Text.

4. Gestalte ein Plakat zum Thema „Gesundes Hundefutter".

5. Interviewe einen Tierarzt über eine ausgewogene Ernährung bei Hunden.

6. Finde hierbei heraus, ob die Angaben in der Reklame der Wahrheit entsprechen.

7. Erstelle eine Liste der Sätze, die das Verkaufsziel der Reklame deutlich machen.

8. Fasse zusammen, welche Argumente dich am ehesten zu einem Kauf bewegen würden, und untersuche verschiedene Hundefutterwerbungen darauf, ob diese auf deine Punkte eingehen.

9. Schreibe einen Brief an Chappi. Dir steht frei, ob du dich beschweren möchtest oder die Marke lobst.

10. Erstelle die Nahrungspyramide des Menschen.

Arbeitsaufträge zur Werbung „Iglu- Doppeldach- Zelt"

1. Gehst du gerne Zelten? Wenn ja, schildere deine Erfahrungen in Form eines Reiseberichts.
2. Wie sähe deine Einkaufsliste für einen vierzehntägigen Campingurlaub aus?
3. Was tust du, wenn deine Eltern dich nur mit einem Rucksack auf dem Rastplatz vergessen?
4. Erstelle eine Liste der wichtigsten Dinge, die du im Wald zum Überleben brauchst.
5. Informiere dich über das Leben von Nomaden und erstelle ein Plakat.

V. Schlussreflexion

Einige Formen, die Schule heterogen zu gestalten, kannte ich schon vor diesem Seminar, da ich selbst auf einer Ganztagsschule war und Bekannte eine IGS besuchen. Die Formen, Inhalte und Methoden des offenen Unterrichts oder der Binnendifferenzierung sind nichts Neues für mich gewesen. Denn ich habe das Projekt- und Stationenlernen auf meinem Gymnasium kennen gelernt. Die Gestaltung von problemorientierten Arbeitsaufträgen fand ich jedoch sehr interessant. Am Anfang habe ich mich sehr schwer getan, die Aufgaben sowohl textimmanent, als auch kreativ zu gestalten. Deswegen fand ich es sehr gut, dass wir im Seminar geübt haben, uns etwas zu den banalsten Themen auszudenken. Meine größte Schwierigkeit lag jedoch darin, Arbeitsaufträge mit allgemeinem Charakter zu den Themen zu entwickeln.

Abgesehen von den neuen Erkenntnissen über die Methodenvielfalt zum Thema Heterogenität in der Schule, habe ich viel über die Möglichkeiten der Bewertung gelernt. Hilfreich fand ich die Beispiele zur Bewertung von Präsentationen oder Freiarbeit. Dagegen war die Methode des Kompetenzrasters sehr komplex und für mich schwer zu verstehen. Auch wenn diese Methode für die individuelle Förderung er Schüler und Schülerinnen eine wichtige Rolle spielt.

Ich denke, dass die Thematik dieses Seminars meine kritische Einstellung zum aktuellen deutschen Schulsystem verschärft hat. Es ist traurig, dass die Bundesrepublik nicht im Stande ist, eine Bildungspolitik zu führen, die den heranwachsenden Generationen die eigene Horizonterweiterung und das Lernen schmackhaft macht. Allein durch das Engagement und die Motivation einer neuen Lehrergeneration wird ein heterogenes Schulsystem, wie es in den skandinavischen Ländern funktioniert, nicht möglich sein. Denn dafür muss sich vor allem die Einstellung der Eltern, der Ministerien, des Staates ändern.

Ich hoffe, dass die Lehrergeneration, der ich angehören werde, einen wesentlichen Beitrag zur Veränderung der Strukturen, des Umfelds und der Methoden leisten kann, damit unabhängig von Herkunft und Begabung allen Schülern die Chance zu einer optimalen Aus- Bildung gegeben werden kann.

VI. Literaturliste

Diehm, Isabell (2005) *Interkulturelle Pädagogik: Die programmatische Antwort auf wachsende ethnische Heterogenität in Schule und Unterricht*. In: **Bräu**, Karin/ **Schwerdt**, Ulrich (Hg.) **Heterogenität als Chance. Vom produktiven Umgang mit Gleichheit und Differenz in der Schule,** Münster: LIT Verlag, S. 85-93.

Groeben, Annemarie von der (2008) **Verschiedenheit nutzen. Besser lernen in heterogenen Gruppen,** Berlin: Cornelsen.

Prüß, Franz/ **Kortas**, Susanne/ **Schöpa**, Mathias (2006) *Zur Entwicklung der Ganztagsschule. Die Ganztagsschule – eine neue Schulkultur.* In: **Knauer**, Sabine/ **Durdel**, Anja (Hg.) **Die neue Ganztagsschule. Gute Lernbedingungen gestalten,** Weinheim und Basel S. 38- 49.

Köhne, Monika (2005) *Das Konrad- Adenauer- Gymnasium in Bad Godesberg.* In: **Ladenthin**, Volker/ **Rekus**, Jürgen (Hg.) **Die Ganztagsschule. Alltag, Reform, Geschichte, Theorie,** Weinheim: Juventa Verlag, S. 47- 58.

Köller, Olaf (2003) *Gesamtschule. Erweiterung statt Alternative.* In: **Cortina**, K. S./ **Baumert**, J./ **Leschinsky**, A./ **Mayer**, K. U./ **Trommer**, L. (Hg.) **Das Bildungswesen in der Bundesrepublik Deutschland. Strukturen und Entwicklungen im Überblick,** Reinbeck bei Hamburg: Rowohlt, S. 458- 486.

Internetquellen

http://de.wikipedia.org/w/index.php?title=Heterogenität

http://ganztagsschulen.wordpress.com/pro-contra-ganztagsschulen

http://de.wikipedia.org/w/index.php?title=Integrierte_Gesamtschule&printable=yes

BEI GRIN MACHT SICH IHR WISSEN BEZAHLT

- Wir veröffentlichen Ihre Hausarbeit, Bachelor- und Masterarbeit

- Ihr eigenes eBook und Buch - weltweit in allen wichtigen Shops

- Verdienen Sie an jedem Verkauf

Jetzt bei www.GRIN.com hochladen und kostenlos publizieren